NOCES D'OR

DE

M. l'ABBÉ BATCAVE

Chanoine honoraire, Curé-doyen de Nay

PRÉSIDÉES

Par M. l'Abbé MENJOULET

VICAIRE-GÉNÉRAL

Délégué de Mgr DUCELLIER, Évêque de Bayonne.

*Sanctificabisque annum quinquagesimum
Jubilæus est et annus quinquagesimus.*
(Levit XXV, 10, 21.)

PAU

IMPRIMERIE VIGNANCOUR. — F. LALHEUGUE, IMPRIMEUR.

1879.

UN JUBILÉ SACERDOTAL.

Cinquante ans de sacerdoce ! ! ! Un demi-siècle écoulé dans les glorieuses luttes du saint ministère, dix lustres entièrement consacrés au bien-être moral et plus d'une fois au bien-être matériel des populations, n'est-ce pas un titre bien précieux à la vénération et à l'admiration des fidèles, une auréole radieuse de gloire pour le pasteur ? Heureuses les paroisses qui peuvent, en pareille circonstance, tresser une couronne de sympathie et de reconnaissance à celui qui, durant de longues années, a été leur guide, leur père, leur ami, leur frère, leur consolateur ! Comme il leur est doux d'obéir au précepte divin qui impose le devoir de célébrer le cinquantième anniversaire d'un grand événement ! *Sanctificabisque annum quinquagesimum.* Si un pareil anniversaire provoque, parmi les simples fidèles, de légitimes jubilations, de quels accents, de quelle allégresse ne doit-on pas le saluer dans les rangs de la milice sacerdotale où il ne se présente, hélas ! que bien rarement. Cinquante années de sacerdoce ! ! ! Jamais assurément cette gracieuse dénomination : les *noces d'or*, ne reçut un sens plus légitime et plus expressif.

Depuis longtemps déjà les maisons religieuses et beaucoup de prêtres se préparaient pour célébrer ce bel anniversaire. La *Semaine Religieuse* du 23 Novembre le saluait, à l'avance, en ces termes :

« Une émouvante cérémonie aura lieu, jeudi prochain, dans la ville de Nay ; M. l'abbé *Batcave*, le vénérable et sympathique doyen, va célébrer ses *noces d'or*. Les habitants de cette charmante petite cité se préparent à faire, en l'honneur de leur bien-aimé pasteur, une démonstration qui prendra probablement toutes les proportions d'un véritable événement et laissera loin derrière elle tout ce qui a été fait jusqu'ici dans des circonstances semblables.

« Aussi bien, il a mille fois mérité les sympathies de ses paroissiens, ce prêtre vénéré sur le front duquel brille d'un éclat si aimable la triple auréole d'une longue carrière sacerdotale, du zèle intelligent et infatigable, et d'une exquise bonté. De quels sentiments de vénération profonde et d'affectueuse admiration la paroisse de Nay est pénétrée pour celui qui la dirige depuis 31 ans dans les voies de la vertu, nous n'avons pas à le dire ici. Avec plus d'autorité que nous, M. l'abbé *Menjoulet*, vicaire-général, délégué de Mgr l'Evêque, se fera l'interprète de la reconnaissance des fidèles et des sympathies de tous les prêtres du diocèse parmi lesquels le digne doyen ne compte que des amis.

« Cependant, la *Semaine Religieuse* est heureuse de saluer dès aujourd'hui ce jubilé sacerdotal et de se faire l'écho des félicitations et des vœux que le clergé adresse à ce prêtre dont les vertus ne sont pas son moindre ornement.

« Puisse la ville de Nay posséder longtemps encore ce Pasteur que le ciel semble particulièrement bénir, en lui accordant une vigueur que les années sont impuissantes à ébranler ! Puisse se réaliser ce souhait qui traduit parfaitement les sentiments inspirés par cette solennité aux nombreux amis du vénérable doyen et chanoine honoraire :

AD MULTOS ANNOS ! !

« En attendant que nous puissions tenir nos lecteurs au courant des nombreux détails de cette touchante solennité, voici les dates principales de cette belle carrière sacerdotale :

« Né le 4 septembre 1805, M. l'abbé Batcave fit ses premiers pas dans la cléricature le 24 mai 1823, jour où il reçut la tonsure des mains de Mgr D'ASTROS. Le 26 juin 1823 il entrait dans les ordres mineurs dans l'église d'Orthez, sa paroisse natale. Il fut ordonné sous-diacre le 15 mai 1828, dans l'église Ste-Croix d'Oloron, diacre le 20 décembre de la même année dans la chapelle du séminaire de Bayonne, prêtre le 22 novembre 1829 dans la chapelle du Petit-Séminaire d'Oloron avec M. l'abbé *Ségalas*, son ami si prématurément enlevé au diocèse qui pouvait tant espérer de ses talents et de ses vertus.

« Le nouveau prêtre envoyé comme vicaire à Ste-Marie d'Oloron, le 16 juillet 1830, fut ensuite nommé vicaire à Ste-Croix d'Oloron, le 21 juillet 1831, chapelain du monastère des Carmélites d'Oloron, le 25 novembre 1836, par Mgr d'Arbou; vicaire de St-Martin de Pau en 1838.

« Après dix années passées dans cette ville qui a toujours conservé de lui un excellent souvenir, M. l'abbé Batcave fut nommé curé-doyen de Nay, le 16 novembre 1847, et installé par M. l'abbé *Darbélit*, archiprêtre de Pau, le 4 mars 1848.

« Mgr Lacroix, avant d'abandonner le fardeau de l'administration diocésaine, voulut donner au véuéré doyen un témoignage de sa vive satisfaction en le nommant chanoine honoraire, le 26 février 1876. »

La ville de Nay vient de confirmer d'une manière solennelle toutes ces belles prévisions. Grand était son empressement pour donner au jubilé sacerdotal du bien-aimé pasteur un éclat extraordinaire ; mais plus grande a été la solennité à laquelle prêtres et fidèles ont prêté un concours aussi enthousiaste qu'empressé.

Nous l'avons déjà dit, cette fête émouvante a dépassé toutes les prévisions. Depuis longtemps tout était préparé pour le grand jour ; aussi, dès la veille, la ville entière était, pour ainsi dire, sillonnée par un courant de joie ; et si les grands événements ont été souvent annoncés par les messagers célestes, cette fête était saluée tout d'abord, sinon par les anges du ciel, du moins par leurs frères de la terre.

Le mercredi, veille du grand jour, la jeunesse innocente des écoles chanta le premier *Alleluia* de la fête du Père bien-aimé qui l'entoure de tant de sollicitude. De charmants dialogues, d'exquises poésies, des allégories délicieuses firent entendre, au Couvent des Filles de la Croix, comme un premier concert de louanges et de vœux.

Le digne Pasteur fut profondément ému de cette surprise qu'on lui avait ménagée avec tant de délicatesse. Aussi bien, les prémices de la reconnaissance appartenait à cette jeunesse des écoles pour laquelle M. l'abbé Batcave s'est sacrifié avec une générosité qui a su triompher de tous les obstacles et surmonter bien des difficultés. Convaincu que pour faire marcher une paroisse dans la voie des pratiques religieuses il n'est pas de moyen plus puissant qu'une éducation chrétienne, le zélé et intelligent pasteur a consacré le meilleur de sa vie sacerdotale à cette œuvre couronnée d'un brillant succès. A l'heure qu'il est l'école congréganiste, l'asile et l'ouvroir de Nay dirigés par les excellentes Filles de la Croix sont des plus florissants. On comprendra facilement les sentiments de reconnaissance et d'amour dont cette intéressante jeunesse entoure le même ministre du Seigneur. Ces sentiments se sont traduits, d'une manière touchante la veille du grand jour des *Noces d'Or*. Nous voudrions reproduire ces dialogues empreints d'une grâce toute enfantine et d'une naïveté charmante ; mais l'espace nous fait défaut. Citons cependant ce rêve délicieux dans lequel une jeune fillette raconte avoir vu les beaux tableaux qu'elle esquisse à ses jeunes compagnes :

— Oh ! que c'est beau des Noces d'Or : Maman m'a expliqué ce que cela voulait dire, et j'en ai été si ravie que j'en ai rêvé la nuit toute entière.

— Un rêve, un rêve d'Or sans doute ?

— Oh ! vite, vite, raconte le-nous.

— Bien volontiers, et vous allez voir que cette fois au moins tout songe n'est pas mensonge. J'ai vu dans une belle prairie de blancs petits agneaux dont toutes les allures respiraient la paix et le bonheur ; les uns paissaient l'herbette fleurie, les autres dormaient paisiblement, ceux-ci se livraient en bondissant à leurs joyeux ébats, ceux-là faisaient eutendre de gracieux bêlements, tous entouraient le berger et faisaient à ses pieds comme une immense couronne. Le berger dont il me semblait reconnaître les traits, contemplant avec amour son heureux troupeau, veillait sur lui, tenant en main une houlette couverte de fleurs. Tout à coup un ange descend du ciel. Il tient suspendue sur la tête de ce Pasteur si bon une magnifique couronne et de l'autre main il déploie une oriflamme bleue où étaient gravés ces mots :

> Heureux troupeau dans l'allégresse
> Chantez [longtemps, chantez encor
> De votre Pasteur la tendresse
> Les vertus et les noces d'Or.

En même temps un groupe d'anges portant les uns des roses les autres des lis, ceux-ci des violettes, ceux-là des immortelles chantant les douces paroles qui m'ont réveillée.

> Tressons une couronne
> Sur son front qui rayonnne
> Et de gloire et de paix.
> Echo du sanctuaire
> Bénis le nom d'un Père
> Chante-le pour jamais.

Le jeudi, dès 4 heures du matin, les joyeuses volées des cloches annonçaient l'arrivée du cinquantième anniversaire de l'ordination au sacerdoce de M. l'abbé Batcave. Aux premières lueurs du jour, tout est déjà en mouvement. Le presbytère, relié à l'église par des guirlandes et des fleurs artistement disposées, présente un aspect charmant, de belles tentures portant des inscriptions à la louange du vénéré doyen caressent agréablement le regard.

Dès huit heures une foule empressée et nombreuse envahissait la vaste enceinte de cette église paroissiale qui est, à elle seule, l'éloge perpétuel et le plus éloquent du zèle industrieux et sacerdotal du bien-aimé pasteur. Elle chante, cette nef transformée, les louanges du ministre du Seigneur ; elle chante cette chaire sacrée, merveilleuse de fraîcheur et d'élégance ; ils chantent, ce sanctuaire rajeuni par de récentes décorations, ces gracieux autels du Sacré-Cœur et de Notre-Dame de Lourdes ; ils chantent, ces superbes vitraux, l'hymne de la reconnaissance, et tous dans un harmonieux concert redisent aux fidèles ces paroles des livres saints dont le zélé Pasteur n'a cessé de réaliser l'expression : *Zelus domus tuæ comedit me.*

L'heure des divins offices est enfin arrivée. Un nombreux clergé —cinquante prêtres environ— se rendent processionnellement au-devant de M. l'abbé Batcave. A peine le vénéré jubilaire paraît au seuil de la porte du presbytère que l'excellente fanfare de la ville le salue de ses plus joyeuses symphonies et le cortége se dirige vers le lieu saint. La messe est célébrée par M. le curé lui-même assisté de ses neveux et de ses cousins. Dans le sanctuaire toutes les places sont occupées par le clergé dont les blancs surplis des prêtres forment avec les rochets et les camails des chanoines, comme une couronne de lis et de roses. Dans les premiers rangs nous remarquons M. l'abbé Menjoulet, vicaire-général ; M. l'abbé Souviron, archiprêtre d'Orthez, chanoine honoraire ; M. l'abbé Thuilier, aumônier de Ste-Ursule de Pau, chanoine honoraire ; M. l'abbé Dupont, directeur de l'Ecole St-Joseph de Nay, chanoine honoraire ; M. l'abbé Lacour, supérieur des PP. Lazaristes de Pouy, prédicateur de la retraite ; M. l'abbé Brune, curé-doyen de Coarraze et plusieurs prêtres vénérables par leur âge et leurs vertus.

Après l'Evangile, M. l'abbé Menjoulet, délégué de Mgr l'Evêque et président de la cérémonie, est monté en chaire. Personne, assurément, ne pouvait mieux interpréter la signification du jubilé sacerdotal du prêtre dont il a salué le premier pas dans la tribu lévitique et qui a toujours été son meilleur ami. Le choix de son texte : *Justus ut palma florebit* indique déjà sous quel aspect l'éminent historien de l'Eglise dans le Béarn va envisager son sujet. Il nous présentera ce jeune palmier arrosé de bonne heure par les eaux de la grâce, se développant avec une vigueur surprenante, loin des dangers du monde, s'épanouissant en fleurs dont les parfums embaument tout ce qui l'entoure, produisant des fruits suaves qui seront l'orgueil du divin Maître et de ses représentants sur la terre. Mais une analyse ne pourrait que déflorer ce discours ; le texte que nous sommes heureux de publier parlera mieux que tous les commentaires :

> *Justus ut palma florebit : sicut cedrus Libani multiplicabitur.* (Ps. 91. 13.)
>
> Le juste fleurira comme le palmier, il se multipliera comme le cèdre du Liban.

Quelle touchante fête nous réunit en ce jour autour des saints autels ! Bien des fois, il est vrai, cette église, si heureusement rajeunie, fut témoin de très-belles solennités, et l'on peut dire, paroissiens de Nay, que, sans avoir le secret exclusif des grandes cérémonies catholiques, vous en avez au moins l'habitude. Mais n'est-il pas vrai aussi qu'à certains égards la fête d'aujourd'hui l'emporte de beaucoup sur toutes les autres ? Il y a peut-être moins de pompe extérieure, mais il y a plus d'élan spontané. Il y a moins d'éclat, mais il y a plus de cœur.

Oui, mes frères, voici vraiment une fête du cœur. C'est le cœur qui vous a conduits autour de votre pasteur vénéré ; c'est le cœur qui lui fait en ce moment un cortége sympathique de lévites, de prêtres, de dignitaires du Diocèse ; c'est le cœur qui a mis en mouvement la population tout entière, sans distinction d'âge et de positions sociales ; enfin, permettez-moi de le dire, c'est le cœur, le cœur tout seul qui va vous parler sous l'empire d'une vieille amitié et des plus doux souvenirs.

Vous connaissez l'objet de cette fête. Il s'agit de célébrer le cinquantième anniversaire de l'ordination au sacerdoce du Curé-Doyen de Nay. On pourrait l'appeler un *Jubilé* ; mais l'usage a prévalu, (et il a été consacré naguère par l'exemple du saint pape Pie IX) l'usage a prévalu de donner à ce jour le nom de *Noces d'or*, comme on le fait, pour les époux chrétiens eux-mêmes, lorsqu'ils arrivent ensemble à la cinquantaine de leur union.

Merci, Monsieur le Doyen, ou plutôt, cher ami de plus d'un demi-siècle, merci de m'avoir invité à présider cette fête du cœur, moi qui fus le témoin de vos premiers engagements. Vous m'avez demandé comme un dernier gage de mon amitié, que ma voix fraternelle, qui est presque une voix d'outre-tombe, vint resserrer les liens qui vous ont attaché, sous mes yeux, à l'Eglise catholique, au clergé de Bayonne et à l'excellente paroisse de Nay.

Eh bien ! frère aimé, je vous obéis. Je vais dans un cordial épanchement, vous redire et dire à cet auditoire ému, non vos mérites et vos œuvres ; — vous n'accepteriez pas un panégyrique — mais les attentions privilégiées de la divine Providence qui vous a mené, comme par la main, jusqu'à ce jour heureux de votre destinée sacerdotale.

Et vous, mes chers auditeurs, prêtres et fidèles, pardonnez-moi d'avance si je vous ramène aux premières années du siècle qui déjà s'enfuit devant vous, si dans mon discours, prenant les couleurs d'une chronique personnelle, je ne puis éviter de me tenir trop souvent en scène, à côté de mon ami ou pour mieux dire de nos communs amis d'autrefois. Certes, j'aimerais mieux rester dans l'ombre. Mais comment s'effacer tout-à-fait lorsqu'on se raconte en famille les choses d'un passé dont on est l'un des très-rares survivants ?

J'entre en matière après avoir répété que mon discours ne sera que l'histoire abrégée des bontés de Dieu à l'égard de mon vieil ami.

I.

Frère bien-aimé, vous souvient-il du jour où vous fûtes admis, en qualité de professeur, au petit séminaire d'Oloron ? Je n'ai pas oublié, pour ma part, la bonne impression que produisit sur les élèves et sur les maîtres ce jeune clerc d'une tenue si correcte, d'une gravité mêlée à tant de douceur, d'une politesse aussi éloignée de l'affectation que de la brusquerie. Digne enfant de cette cité d'Orthez, où les bonnes manières sont traditionnelles, vous aviez eu le bonheur d'avoir longtemps pour guide et pour modèle un gentilhomme de race, ce bon M. *de Laussat* qui gouvernait votre paroisse natale avec une si parfaite distinction. Puis, vous aviez vécu dans le célèbre collège d'Aire, où les *Lalanne*, les *Destenabe*, les *Duplantier* faisaient revivre l'esprit et les habitudes de l'ancien clergé. Les séminaires de Bayonne et de Toulouse vous avaient ensuite imbu, pour ainsi dire et nourri de la pure sève ecclésiastique. Dieu vous avait ouvert lui-même ces diverses écoles : chacun de nous aimait à reconnaître que, comme dit saint Paul, « la grâce de Dieu n'avait pas été stérile en vous. » *Gratia ejus... vacua non fuit* (1 Cor. 15, 10).

Reconnaissez à votre tour qu'en vous envoyant à Oloron, la Providence mettait le comble à ses délicates attentions en faveur de votre jeunesse cléricale. Car ce nouveau milieu devait être pour vous comme un foyer de bénédictions divines, de plus en plus abondantes, de plus en plus fructueuses. Quand vous y arrivâtes, il s'était à peine écoulé deux années depuis l'ouverture de l'établissement, et déjà cette maison naissante avait fait d'étonnants progrès, sous tous les rapports. On y sentait la vigoureuse impulsion de son fondateur l'illustre Mgr *d'Astros*.

Vous aviez un peu plus de vingt ans, et vous n'étiez encore que simple minoré. C'était donc, bien aimé confrère, c'était dans ce milieu que devait s'achever votre formation sacerdotale. Vous aimerez, n'est-ce pas ? que j'entreprenne d'esquisser devant vos bons paroissiens, la remarquable physionomie de quelques uns des hommes d'élite que le ciel avait chargés de vous faire gravir les degrés de l'autel. Ils sont tous morts. Raison de plus, ce me semble, pour que nous mettions tout notre cœur à leur payer le tribut de nos reconnaissants hommages.

Je nommerai d'abord le supérieur, M. l'abbé *Soubielle*. Ne disons rien de sa belle prestance, relevée par une si noble simplicité. Ne rappelons pas l'ascendant qu'il exerçait au dehors par la confiance respectueuse que ses prédications et toute sa conduite avaient inspirée aux pères et mères de famille ainsi qu'aux autorités publiques, au clergé non moins qu'à ses élèves. Comme il savait se faire tout à tous ! Avec quelle facilité il parvenait, sans jamais se laisser abattre, à surmonter les obstacles et à tourner les écueils ! Condisciple de l'abbé *de Salinis*, à St-Sulpice, son collaborateur d'abord et son successeur ensuite dans les *Cours de Persévérance* institués en faveur des jeunes gens de la capitale, il avait rapporté de Paris un merveilleux talent de catéchiste et je connais encore, de par le monde, des chrétiens dont la foi religieuse s'est toujours soutenue, ils le déclarent, sur la base des enseignements de ce prêtre selon le cœur de Dieu. Cher doyen, est-ce que vous n'avouerez pas vous-même que votre jeune intelligence puisa, dans ses classes de théologie, les principes les plus exacts tant pour le ministère de la parole que pour la direction des âmes ?

A côté de l'abbé Soubielle, mon souvenir retrouve parmi nos maîtres et nos modèles, cet homme simple et bon auquel la vénération
des élèves donna le titre de *Père Laug-Pouy* ; et ce brillant professeur de rhétorique, M. *Adoue*, dont il me suffit de dire qu'il voulut
vous avoir pour collègue, quand il devint, à son tour, supérieur du
Séminaire d'Oloron. Mais j'ai hâte, cher confrère, de vous rappeler
un autre nom bien connu à Nay, celui de M. l'abbé *Manaudas*, qui
vous a été fidèle jusqu'à son dernier soupir et dont il m'a été donné
de chanter, il y a quatre ans, les *noces d'or*, comme je préside aujourd'hui les vôtres.

Il était, à vrai dire, l'apôtre du Petit-Séminaire. Quelle parole vi-
brante que la sienne ! Quelle éloquence chaude et pathétique ! Quel
entier dévoûmeut pour la sanctification des âmes ! Et de quels admi-
rables succès le bon Dieu daigna récompenser son zèle ! Nous pou-
vons l'affirmer : il suscita, parmi les élèves, de nouveaux Berchmans,
d'autres Stanislas, de fervents Louis de Gonzague, qui, semblables à
l'étincelle dont parle l'Ecriture, promenaient dans les rangs de la
communauté la flamme d'une séraphique ardeur : *tanquam scintillæ
in arundineto discurrentes.* (Sap.; **11, 19.**)

Mais ce fut surtout envers les jeunes professeurs (ceux qui n'é-
taient pas encore prêtres) que cette âme ardente exerça la plus
efficace influence. Vous étiez de ce nombre, cher confrère, et vous
n'avez certainement pas oublié avec quelle charité M. Manaudas nous
groupa sous sa direction paternelle, au nombre de cinq ou six.
Délicieux souvenirs ! ô veillées mystérieuses où s'accomplirent les
premiers essais de notre zèle en fleur ! Là, dans la cellule du chaleureux apôtre, on pratiquait d'abord la correction fraternelle, en
se disant les uns aux autres de bonnes et franches vérités. Puis,
quand on avait jeté un coup d'œil rapide sur l'ensemble de la communauté et la tenue générale des élèves, on se partageait les jeunes
gens qui paraissaient les moins dociles à la discipline et à la grâce
de Dieu. L'un se constituait l'ange gardien de celui-ci, l'autre le
mentor discret de celui-là, avec la mission formelle de ne battre
jamais en retraite qu'après la conversion totale du sujet confié au
zèle de chacun. Dirai-je les fruits de cette conjuration d'un nouveau
genre ? Non ; mais il est certain qu'il en sortit une génération de
prêtres et de laïques qui ont fait honneur en même temps et à la
religion et à la société. Il est également incontestable, cher et vénéré
confrère, que ces réunions secrètes vous préparaient admirablement
aux œuvres sacerdotales de l'avenir.

Tel est donc le milieu où s'écoulèrent les années de votre printemps ecclésiastique. Tels sont les maîtres que la bonté divine avait
miséricordieusement placés sur votre route, pour vous conduire à la
prêtrise, par les divers degrés de la sainte hiérarchie.

Je l'ai dit : avant d'entrer au petit séminaire d'Oloron, vous aviez déjà reçu les ordres moindres, des mains de Mgr d'Astros. Le même prélat vous ordonna sous-diacre, en 1828, le jour de l'Ascension, dans la vieille basilique de Ste-Croix d'Oloron, où nous aurons à vous revoir bientôt, jeune prêtre et vicaire.

Mais comment parler de cette ordination sans me souvenir que, petit clerc, j'en faisais également partie ? Oui, j'étais là ; et je crois entendre encore les tendres gémissements de votre ferveur ; je vous vois prosterné, à l'état de victime triomphante, la face contre terre, sur les dalles du temple. Auprès de vous et dans la même attitude, je compte dix-neuf autres victimes qui partageaient avec vous les ineffables douceurs de l'immolation volontaire ! Dans le nombre, mon œil plein de larmes distingue entre tous cet ami qui eut nom : Eugène *Ségalas*, le plus aimable de nos collègues , le plus méritant , sans contredit, de ces conjurés apostoliques dont je parlais tout-à-l'heure. On l'a nommé le François de Sales du pays basque : Ah ! pourquoi n'occupe-t-il pas ma place en ce moment ? C'est à sa parole de feu qu'il appartiendrait de nous dire la marche et les progrès de votre formation sacerdotale. Hélas ! la mort nous l'a ravi, encore à la fleur de l'âge, mais pourtant chargé de mérites, et même de gloire, dans les fatigues et les succès d'un enseignement public éminemment chrétien. Vous le pleurez avec moi, ô notre bien-aimé frère des anciens jours. Oui, pleurez-le ; mais estimez-vous heureux d'avoir aujourd'hui pour collaborateurs dévoués ces trois prêtres, ces trois frères qui furent ses disciples de prédilection et qui apprirent de lui à se sacrifier sans relâche pour la plus grande gloire de Dieu.

Ce fut aussi en compagnie de l'abbé Ségalas et des mains de l'intrépide captif de Vincennes que vous reçûtes, avec le diaconat, cet esprit de force qui devait vous soutenir, dans les luttes futures, contre le démon et ses attaques : *Accipe spiritum sanctum ac robur ad resistendum diabolo et tentationibus ejus.* (Pontif.)

Il ne vous restait plus qu'un degré à franchir ; une année encore, et votre vocation allait atteindre, avec l'âge requis , l'heure de son dernier épanouissement. sur le même sol béni qui était, depuis trois ou quatre ans, le « jardin clos » de nos jeunes âmes, « le paradis » de nos pures délices. De mieux en mieux cultivés par des mains aussi tendres qu'habiles, vous nous apparaissiez, l'abbé Ségalas et vous, comme ces jeunes arbres dont parle le Prophète, « plantés dans la maison de Dieu » c'est-à-dire au sein même de l'Eglise et « fleurissant dans les parois sacrés du Seigneur » sous les rayons et la rosée du Ciel : *plantati in domo Domini, in atriis domus Dei nostri florebunt.* Croissez, croissez encore, disaient vos pères, vos élèves et vos meilleurs amis, croissez toujours, verdoyants palmiers de la solitude ; l'heure approche où l'huile sainte fera de vous deux cèdres majestueux, aux fortes racines , étalant au loin leur superbe branchage : *Justus ut palma florebit ; sicut cedrus Libani multiplicabitur.*

Enfin l'heure sonna , cher et vénéré frère ; l'onction sacerdotale consacra vos mains. Vous deveniez prêtre le 22 novembre de l'an de grâce 1829, et nous célébrons aujourd'hui le cinquantième anniversaire de votre ordination.

II.

Ici, mes frères, doit se terminer mon colloque, trop long peut-être, avec mon vieil ami. Il lui a rappelé, en votre présence, les lointains préparatifs et les circonstances providentielles de ses *premières noces,* à l'Ordination. C'est avec vous que je veux maintenant m'occuper de ses *noces d'or.* Vous avez vu le jeune lévite fleurir comme le palmier du désert : *Justus ut palma florebit* ; voyons le prêtre, semblable au cèdre de la montagne se développer et s'étendre au dehors *: sicut cèdrus Libani multiplicabitur.* En d'autres termes , vous avez vu la main de Dieu dans la formation du prêtre ; voyez maintenant l'œuvre du prêtre s'accomplir sous le regard de Dieu , dans l'exercice du saint ministère.

Malgré son goût et ses aptitudes pour la vie de communauté, M. *Batcave* était déjà destiné aux délicats et pénibles labeurs de la vie paroissiale. Son entrée dans cette nouvelle carrière coïncida , mes frères, avec la translation à l'archevêché de Toulouse, du grand prélat qui l'avait introduit dans les rangs de la sainte milice. Mais pas plus que la révolution politique qui éclatait à la même époque, les vicissitudes hiérarchiques du diocèse ne devaient compromettre en rien l'avenir de notre jeune prêtre. Il se tenait pour assuré que la Providence, toujours si bonne à son égard , ne manquerait pas de donner au clergé de Bayonne des chefs éclairés et vaillants, des pontifes dignes en tout d'être appelés les voyants et les docteurs d'Israël.

Ce fut Mgr d'Astros qui nomma M. Batcave vicaire de Ste-Marie-d'Oloron , en juillet 1830. Un an après, Mgr *d'Arbou* le transférait au vicariat de Ste-Croix. Ses premiers maîtres, au début de la vie paroissiale, étaient deux anciens confesseurs de la foi, M. *Lafargue-Projan* à Ste-Croix, M. *Fourcade* à Ste-Marie. Ce dernier se distinguait par la sûreté de son jugement, l'extrême régularité de sa vie pastorale et son zèle pour la beauté de la maison de Dieu. Professeur de philosophie, avant la révolution, il avait été plus tard supérieur au grand séminaire de Bayonne, à l'époque même où M. Batcave y était élève. Toutefois, son mérite n'égalait point celui de M. Lafargue, archiprêtre-curé de Ste-Croix, homme d'un rare esprit, aussi distingué dans les bonnes et belles-lettres que dans la science théologique. Du reste, chargés d'années et d'infirmités, ils devaient l'un et l'autre abandonner le gros du travail à leurs vicaires, sans cesser néanmoins d'en diriger le zèle. Ah ! quel bonheur, Mes Frères, pour un jeune prêtre, d'avoir rencontré de pareils guides à son entrée dans le plus difficile des ministères ! Je sais que votre curé en remercie le Seigneur; vous savez s'il en a profité.

L'abbé Batcave avait dépassé la trente-troisième année de sa vie et touchait à la dixième de son sacerdoce. Presque tous ses condisciples se trouvaient déjà pourvus de la charge curiale dans des paroisses plus ou moins importantes. Pour lui, mes frères, Dieu qui vous le réservait dans les conseils de son infinie sagesse , voulut, pour vous le préparer de mieux en mieux , lui faire cueillir encore les fruits de l'expérience dans un poste plus laborieux, mais aussi plus fécond que les précédents : Mgr *Lacroix* le nomma vicaire de St-Martin de Pau en 1838.

A proprement parler, ce n'était pas un simple vicariat , mais bien une sorte de coadjutorerie que le premier pasteur conférait à M. Batcave, qui fut accueilli avec des égards singuliers par M. *Darbélit*, le vénérable archiprêtre-curé de St-Martin. Il s'établit aussitôt une confiance entière entre le saint vieillard et son nouveau coopérateur : on pouvait dire qu'ils ne faisaient, à eux deux, qu' « un cœur et qu'une âme » tant l'affection paternelle d'une part et le respect filial de l'autre étaient sincères, intimes, profonds. Grâce à cette édifiante harmonie, que les fréquentes visites de l'apostolique abbé Manaudas venaient raviver, chaque année, l'autorité du pasteur restait prépondérante; mais la collaboration du vicaire n'en fut que plus active et plus utile à tous. Or, Mes Frères, cela dura dix ans, pendant lesquels la belle paroisse marcha de progrès en progrès vers cette brillante prospérité qui sera l'impérissable honneur de cet autre maître de nos jeunes années, le vénérable *St-Guily*, que le diocèse entoure avec tant d'anxiété sur son lit de souffrances, du respect le plus profond et des vœux les plus ardents.

Je viens de parcourir, une à une, les principales étapes qui ont marqué la carrière ecclésiastique de mon cher confrère et qui le conduisirent providentiellement au Doyenné de Nay. Chose remarquable ! les trois curés étaient les contemporains et les intimes amis de celui dont il devait être le successeur. Je parle de M. *Cogombles* qui fut votre Curé durant la première moitié de ce siècle et dont l'éloge se trouve encore, après plus de trente années, sur les lèvres de tous ceux qui ont eu le bonheur de le connaître. A la mort de ce bon pasteur, M. Darbélit vint présider lui-même, mêlant ses larmes et ses prières aux vôtres, les funérailles de son ancien condisciple. Mais avec quelle joie paternelle il revint, quelques mois après, en installer canoniquement le digne successeur, qui n'était autre que son bien-aimé vicaire ! Comme il était heureux de signaler, dans le nouveau doyen, de nombreux traits de ressemblance avec le regretté M. Cogombles! N'avait-il pas eu sa bonne part dans la nomination de celui qu'il présentait aux paroissiens de Nay? Ne vous l'avait-il point préparé?

M. Batcave fut nommé le 24 février 1848. Ce même jour, le trône du roi des français s'écroulait et une nouvelle révolution bouleversait les fondements politiques du pays, mais heureusement sans toucher, cette fois, aux bases de l'Eglise et aux éternels principes de la Religion catholique. L'immense popularité dont jouissait partout le pape Pie IX abritait en quelque sorte le clergé de France; peut-être aussi les mesquines attaques du pouvoir déchu contre l'épiscopat avaient-elles servi à ramener la sympathie des masses vers les prêtres. Peu importait d'ailleurs au nouveau Doyen le régime sous lequel il aurait à vivre; homme de Dieu avant tout, il avait résolu de n'être l'homme d'aucun parti. Trop heureux de pouvoir se consacrer sans réserve au salut des âmes!

Que n'a-t-il pas fait, dans l'exercice des fonctions curiales, pour la sanctification de son cher troupeau? Paroissiens de Nay, ce n'est pas à moi, c'est à vous qu'il convient de le dire; car, si vous avez été les premiers à bénéficier du zèle de votre pasteur, vous en êtes aussi les témoins les plus autorisés et nul mieux que vous ne saurait en dérouler l'intéressante histoire.

Parlez donc, enfants et vieillards, pauvres et riches, jeunes filles et mères chrétiennes, parlez et dites-nous ce qui s'est fait depuis trente ans pour le soulagement de toutes les misères, pour l'instruction du premier âge, pour la diffusion du véritable esprit de famille, pour l'apaisement des consciences et la suprême consolation des mourants.

Parlez, sociétés si nombreuses de secours mutuels, dites ce que les ouvriers vous ont dû et vous doivent encore de précieuses ressources dans la maladie et la détresse.

Parlez, pieuses congrégations, confréries de tous genres, tiers-ordre de St-François et de St-Dominique, et chantez avec transport les grâces que Dieu vous [prodigue pour vous faire marcher sûrement dans les voies de la piété.

Chantez surtout, petits enfants de la salle d'asile et des grandes écoles, pour qui la sollicitude pastorale s'est imposé tant de sacrifices et a su provoquer de si nobles dévoûments. Oui, enfants, louez le Seigneur : *Laudate pueri, Dominum*, et n'oubliez jamais son fidèle ministre.

Et vous, vierges du cloître, vous aussi religieuses de l'école, Dominicaines et Sœurs de la Croix, pourriez-vous ne pas entonner, en ce beau jour, vos plus mélodieux cantiques de louange, au souvenir du bien que le ciel vous a fait par l'entremise du bon Pasteur, dont vous êtes, par excellence, les chères et dociles ouailles?

Non, je n'entends qu'une voix, ou plutôt qu'un concert de trois mille voix qui, dans un admirable accord des esprits et des cœurs, envoient à tous les échos les hymnes de l'amour et de la reconnaissance. Que dis-je? si, par impossible, les voix humaines venaient à se taire tout-à-coup, les pierres même du temple, suivant l'énergique expression du Sauveur, ne pousseraient-elles pas à leur manière, le cri de je ne sais quel céleste enthousiasme ? *Si hi tacuerunt, lapides ipsi clamabunt* (Luc; 19, 40). O église de Nay! tu fus, dans la contrée, la première à te rajeunir selon les règles de l'architecture catholique et tu propageas, par ton exemple, le goût ressuscité du moyen-âge, qui a présidé à la construction ou à la restauration de plus de deux cents églises, dans le diocèse. Or, je le dis, charmante église, tu es mieux qu'un monument, tu es comme une trompette qui sonne au loin les bienfaits de Dieu envers la paroisse. dont tu es le centre et, s'il m'est permis de parler de la sorte, le magnifique résumé. Que sera-ce donc, le jour où la municipalité, complétant son œuvre pour la restauration de tes combles, lancera dans les airs le gracieux couronnement de ton antique clocher ?

Je viens enfin à vous, chers et vénérés confrères, qui entourez au pied de l'autel le modeste héros de cette fête. Prêtres natifs de la cité, anciens vicaires de la paroisse, amis et parents de M. Batcave, vous surtout, desservants de ce beau doyenné, ah ! soyez en ce moment les véridiques témoins de l'histoire et dites si, dans son ensemble, la paroisse de Nay n'est pas devenue l'une des meilleures du Béarn, de même que le clergé du canton se montre, aux yeux de tous, comme l'un des plus réguliers et des plus cordialement unis de tout le diocèse.

Mais, il est temps de finir. Cher Doyen, je n'ai plus qu'un dernier mot dans le cœur et ce mot je vous l'apporte des divers points de l'horizon, comme faisant écho aux acclamations si touchantes de votre excellente population. Sachez donc que, de toutes parts, d'innombrables amis, prêtres et laïques, sont présents d'esprit à cette belle fête paroissiale et regrettent de n'avoir pas pu en venir partager avec vous les pures joies ; plusieurs m'ont chargé de vous le dire. Des communautés entières vous envoient, par mon organe, l'expression de leurs meilleurs sentiments. D'anciens condisciples ont célébré la sainte Messe à votre intention, et un grand nombre d'âmes reconnaissantes ont communié pour vous à Oloron, à Pau, à Orthez, partout. Je puis vous offrir les félicitations de MM. les Chanoines de la Cathédrale, sincèrement heureux de vous avoir reçu naguère dans leurs rangs. J'ai à vous transmettre aussi une bénédiction spéciale de la part de Monseigneur Lacroix qui n'a pas oublié, tant s'en faut, son cher *élu* de Nay. Mais voici, dans cet hommage universel. un dernier témoignage qui ne vous laissera plus rien à désirer ; c'est une lettre du jeune et pieux pontife qui, depuis un an, gouverne le diocèse avec autant d'amour que de prudence. J'en suis sûr : la lecture d'une si affectueuse missive embaumera votre âme sacerdotale et la fortifiera pour de nouveaux labeurs.

Loin de moi la pensée d'ajouter à ce langage d'évêque autre chose que la formule liturgique si chère au grand saint Augustin : *Deo gratias !*... Oui, bien-aimé frère, Dieu soit béni des inénarrables faveurs qu'il vous a prodiguées ! *Deo gratias ! Deo gratias !*... Et maintenant laissez-moi me rendre de la chaire à l'autel, où, près de l'auguste victime, vous me donnerez l'accolade fraternelle qui sera, je l'espère, le présage sacré de notre éternelle union dans le ciel. Amen.

Pendant près de trois quarts d'heure, M. l'abbé Menjoulet a captivé l'attention de son immense auditoire. On était si heureux de voir esquisser dans un cadre habilement tracé les diverses phases de ces cinquante années de sacerdoce. Mais l'émotion a été à son comble lorsque le délégué épiscopal a lu la lettre suivante adressée par Mgr *Ducellier* au vénéré doyen :

ÉVÊCHÉ
DE
BAYONNE.

Bayonne le 26 Novembre 1879.

—

Très cher et très vénéré Monsieur le Doyen ,

M. le Vicaire-Général ne manquera pas de vous exprimer, avec mes félicitations et mes vœux, la part que je prends à cette fête de vos noces d'or, si chère à vos amis et à votre peuple.

Mais je tiens à vous dire moi-même que demain, au saint autel surtout, je serai de cœur avec vous et avec tous ceux qui doivent vous faire une si belle couronne de sympathies et de prières pour remercier notre Seigneur de toutes les faveurs dont il s'est plu à combler votre vie sacerdotale si longue et si bien remplie, si féconde et si justement honorée.

S'il est vrai que la vie d'un saint Prêtre est une bénédiction pour ceux au profit desquels il l'a dépensée, à qui mieux qu'à l'Evêque convient-il d'en remercier et d'en glorifier notre Seigneur, le souverain Prêtre ?

Soyez heureux, cher et vénéré Monsieur le Doyen, de ces témoignages de respect, d'affection et de reconnaissance, dont tous entoureront, demain, votre sacerdoce renouvelé ; et continuez de travailler longtemps encore au salut de ce peuple qui vous vénère et qui vous aime.

Votre santé si admirablement conservée autorise cet espoir et ces vœux. Le bon Dieu nous fera la grâce de la réaliser pour la joie de vos amis, la consolation de votre Evêque et l'honneur de notre sainte Religion que vous servez si bien.

Je me recommande à vos prières, cher et vénéré Monsieur le Doyen, et vous renouvelle la respectueuse et cordiale assurance de mon dévouement bien affectueux en Notre-Seigneur.

† ARTHUR-XAVIER , Evêque de Bayonne.

Nous n'aurons pas le mauvais goût de commenter une lettre si admirable, digne de celui qui l'a écrite et de celui qui l'a reçue. Qu'il nous soit seulement permis de dire combien nous avons été profondément remué en apprenant que nos deux vénérés prélats semblaient joindre leurs mains, pour le bénir, sur le front du vénérable prêtre placé pour ainsi dire, comme un radieux trait d'union, aux limites opposées de leur existence épiscopale. Les images les plus gracieuses se présentaient à notre imagination et nous rêvions d'Elie et d'Elisée, de l'Ancien et du Nouveau Testament harmonieusement réunis, dans cette fête du ciel sur la terre.

Des flots d'harmonie n'ont pas cessé de dire à la nombreuse assistance les divines allégresses de cette belle solennité. Sans compter les voix superbes des chantres, des ravissantes symphonies de l'orchestre, composé de trois artistes du Casino de Pau, premiers prix du Conservatoire , MM. Janssens, Hoerndorff et Mlle Janssens, les chanteuses sous l'habile direction de Mlle Piet-de-Berton ont exécuté, avec talent et piété, des chants composés pour la circonstance par un prêtre distingué dont les talents artistiques ne font que rehausser les aimables qualités. M. l'abbé Guicheman, curé de St-Médard, voudra bien nous pardonner si nous trahissons le secret qu'il aurait voulu nous imposer. Voici les paroles de cette cantate :

I.

O mystère qui nous étonne !
Quel est ce ministre à l'autel ?
Est-ce le ciel qui nous le donne,
La terre le rend-elle au ciel ?
Sous une mystique couronne,
Heureux et pur son front rayonne ;
Et pour lui l'autel est un trône
D'où sa voix parle à l'Eternel.

Refrain.

Echos du sanctuaire ,
Echos délicieux ,
Portez notre prière
Et nos chants vers les cieux.

A votre élu fidèle,
Gardez, ô bon Jésus,
La couronne immortelle
Promise à vos élus.

II.

Grand Dieu! que la nature est belle
Dans son immense majesté !
Quel œil ravi n'admire en elle
L'éclat de ta divinité?
Mais chaque instant nous le rappelle,
Sa fin n'est pas d'être immortelle.
Toi, prêtre de la loi nouvelle,
Tu l'es pour une é'ernité.

III.

Jadis sur la Croix du Calvaire,
Victime auguste, Agneau divin,
Jésus s'offrait à Dieu son père,
Pour le salut du genre humain.
Dès longtemps par ton ministère,
Hostie à jamais salutaire,
Ce doux sauveur à ta prière
Veut s'immoler chaque matin.

IV.

Dans la solitaire vallée
Le lys conserve sa blancheur.
De sa corolle immaculée
Le ciel admire la fraîcheur.
Fleur de Sion, fleur embaumée,
Dès l'aurore au monde fermée,
Tu fus de la grâce animée
Et de Jésus la bonne odeur.

V.

J'aime à te voir de l'Evangile
Tenant en main le vrai drapeau ;
Fier dans l'arène difficile,
Et doux au sein de ton troupeau.
Tu sais, non moins ferme qu'habile,
Du front de l'erreur indocile,
Arracher le masque inutile,
Et de ses yeux le noir bandeau.

VI.

Prodigue tes soins à l'enfance,
Tes conseils à l'adolescent ;
Au vieillard donne l'espérance,
Et la paix à l'agonisant ;
Sois le soutien de l'innocence
En attendant la récompense ;
Garde au pauvre, dans la souffrance,
Un cœur toujours compatissant.

VII.

Sur ses fleurs que l'aube féconde,
Le jardinier, le front penché,
Relève , rafraîchit , émonde ,
Le pied que l'orage a touché.
Ainsi du ciel tu verses l'onde
Sur la plaie affreuse et profonde
Qui fait du cœur un cœur immonde
Au contact impur du péché.

VIII.

Le siècle s'écoule et s'abîme
Sous les flots de l'impiété ;
Pour l'arracher au noir abîme ,
Où follement il s'est jeté ,
Prie et combats ; sois magnanime.
La lutte est grande ; elle est sublime ;
S'y dérober ! !... serait un crime ! ! !...
La soutenir !!... c'est charité.

IX.

Pas de couronne sans victoire ,
Pas de victoire sans combats ;
Pour une palme méritoire ,
Il faut lutter jusqu'au trépas.
Le foi nous apprend à le croire ,
Mourir pour Dieu, voilà la gloire ;
Seule éternelle est la mémoire
Que le juste laisse ici-bas.

X.

La harpe du grand Roi-Prophète
Qui charmait les sacrés parvis,
Depuis des siècles est muette ;
Et cependant comme jadis ,

Le temple de Sion répète
Des hymnes d'amour et de fête,
Qu'à la gloire d'un vieil athlète
Chante en chœur un peuple d'amis.

Immédiatement après la messe, le vénéré jubilaire monte en chaire en habit de chœur, portant une étole superbe — don précieux d'une nièce dévouée, pour épancher le trop plein de son cœur et remercier les fidèles et le clergé de cette démonstration en son honneur. L'émotion et l'allégresse donnaient à ses traits une expression empreinte à la fois de tendresse et de majesté. Ce n'est pas une plume mais un pinceau qu'il faudrait pour reproduire fidèlement le magnifique et touchant tableau qu'offrait en ce moment l'enceinte sacrée où le pasteur disait à ses chères ouailles sa reconnaissance et son bonheur. Encore ici laissons la parole à M. le curé-doyen de Nay qui s'est exprimé en ces termes :

Réponse de M. le Curé.,

Monsieur le Vicaire-Général,

En répondant à votre allocution dictée par l'éloquence du cœur et beaucoup trop flatteuse pour moi, je ne saurais exprimer les émotions diverses qui se pressent, en ce moment, dans mon âme.

Il y a cinquante ans, le 22 novembre 1829, agenouillé au pied des saints autels, je reçus, par l'imposition des mains de Mgr d'Astros, d'illustre et douce mémoire, le caractère ineffaçable du sacerdoce. Mon ange gardien, saluant en moi cette auguste dignité, put me dire : Tu es prêtre pour l'éternité ; *Tu es sacerdos in æternum.*

Cinquante ans de sacerdoce ! Ah ! je sens que ces années imposent à mon âme l'impérieux devoir de rendre d'immortelles actions de grâces au Dieu d'amour, et en même temps de demander un immense pardon au Dieu de miséricorde.

Vous tous, prêtres et fidèles, vous êtes venus, en ce jour mémorable de ma vie sacerdotale, aider ma faiblesse à remplir ce double devoir.

Merci, très-honoré et tout aimable Grand-Vicaire. C'est à deux titres, bien précieux pour moi, que vous avez voulu présider cette fête de famille.

Vous avez été délégué par le premier Pasteur du diocèse, dont le zèle infatigable et les hautes vertus font l'admiration et le bonheur de tous. La lettre de Sa Grandeur que vous avez lue me dispense de vous dire sa bonté paternelle dont elle est une si touchante expression. Les éloges qu'elle renferme me condamnent au silence, et ce silence dira mieux que mes paroles ma très-respectueuse et très-fidèle reconnaissance. Je dois payer le même tribut de gratitude à mon ancien

Évêque, Mgr Lacroix, qui vous a dit : apportez ma bénédiction au bon doyen de Nay. O sainte bénédiction d'un vénérable prélat plus qu'octogénaire, je te reçois avec des tressaillements de joie et de bonheur !

Vous êtes venu aussi, parce que vous avez voulu donner à un vieil ami un nouveau témoignage de cette affectueuse bienveillance, qui sera l'honneur de ma vie.

Chers et vénérés confrères, qui êtes venus en un si grand nombre et avec un si cordial empressement, combien je vous remercie d'avoir ainsi voulu donner à cette fête le caractère sacerdotal qui lui convient si bien.

Autour de l'autel de Dieu qui fit la joie de ma jeunesse et qui l'a renouvelée en ce jour, vos cœurs n'étaient-ils pas ces encensoirs d'or dans lesquels sont offertes les prières des saints, prières ardentes qui montent jusqu'au trône de Dieu, comme un encens d'agréable odeur ?

En échange de vos prières pour un père et un ami, je demande au Seigneur qu'il exauce le vœu que je forme pour vous en ce jour béni : Puissiez, vous tous, célébrer vos noces d'or !

Cher et Révérend Père, vos instructions si pratiques, en ces jours de retraite et de recueillement, nous ont apporté le souvenir du grand St-Vincent de Paul, qui est un de nos saints particulièrement vénérés, et qui est si bien appelé le tendre père des ecclésiastiques ; *Ecclesiasticorum pater piissime.* Vous êtes son enfant privilégié, chargé de la garde de son Berceau. En mon nom, au nom de la Congrégation et de toute la paroisse, je vous dis merci, digne émule de ce grand bienfaiteur de l'humanité.

Et vous, dont les sentiments délicats ont encore dépassé la générosité, dames chrétiennes de Nay, vous avez voulu vous charger avec ma famille du soin de former la corbeille des noces d'or de celui que vous appelez votre père. Votre place était bien celle qui convient aux membres les plus chers et les plus proches de la famille. Aussi, en priant pour vous au saint autel, je priais pour ma famille, pour mes enfants.

Vous n'êtes pas oubliées, âmes chrétiennes et généreuses, dont il ne m'est pas permis de révéler les noms et qui avez voulu que la main gauche ignorât ce qu'a fait la main droite. Je n'avais pas d'ailleurs besoin de dire vos noms à Dieu. Il les sait bien, et il les a inscrits à son livre de vie.

Merci, à vous, mon ancien vicaire et toujours mon ami, qui m'avez offert, comme un gracieux bouquet, cette belle cantate que vous m'avez dédiée. Vous avez su y réunir le talent du poëte aux inspirations du musicien. Votre pensée devait être traduite par des voix plus harmonieuses que jamais : car, c'étaient moins les voix que les cœurs qui faisaient entendre leurs accents.

Vous êtes pour moi le symbole de l'harmonie de tous les cœurs en ce jour, membres de la Société philarmonique de cette cité, qui avez pris l'initiative de cette partie si brillante de la fête, et qui vous êtes si bien souvenu du premier mot de votre belle devise : *Foi et Patrie.* Les sons si purs de vos instruments disaient à tous que les fêtes de la *Foi* sont les plus suaves au cœur, celles qui font vibrer dans les âmes les meilleures émotions. En parlant de douces émotions, comment ne pas vous dire celles que devaient me faire éprouver ces artistes éminents, interprêtes des chefs-d'œuvre des grands maîtres ? Oh ! que vos accents étaient bien ceux qui convenaient à ce jour ! Les paroles de Jésus, pendant son sanglant sacrifice, venaient me trouver sur le Calvaire mystique de l'autel où j'immolais la sainte victime, en ce jour anniversaire de mon sacerdoce. Saintes émotions, délicieuses larmes, vous étiez ma meilleure prière pour ceux qui les faisaient couler !

Je ne vous oublierai pas, chers Enfants, vous qui êtes portés encore dans les bras de vos mères : et vous jeunes Enfants, qui commencez à voir et à comprendre, et pour qui cette fête restera gravée dans vos cœurs, comme un premier souvenir ineffaçable ; et vous, enfants des Ecoles, enfants de toutes les conditions, vous êtes les premiers invités à toutes les fêtes. Jésus vous trouva les premiers à sa rencontre, à son entrée triomphante à Jérusalem. Ah ! j'ai besoin, à l'exemple du divin Maître, de vous rapprocher plus près de mon cœur et de vous bénir, en demandant à Dieu qu'il vous conserve toujours dignes de vos anges qui voient la face de Dieu dans le ciel.

En parlant des anges du ciel, et des anges de la terre par le privilége de leur innocence, ma pensée se transporte vers ces anges de la terre par la vertu, qui se sont éloignés du monde pour s'unir plus intimement à Dieu, et qui, placés entre le ciel et la terre, sont comme ces heureuses influences qui détournent la foudre et dissipent les orages.

Saintes et glorieuses filles de St-Dominique qui, depuis deux siècles, exercez sur cette chère paroisse la puissance pour le bien que donnent l'exemple du sacrifice et la prière continuez: Ah! sur la montagne qui, pour vous est devenue la sainte montagne, la montagne de Sion, tenez vos mains levées pour continuer d'attirer sur cette paroisse que vous aimez les plus abondantes bénédictions du Ciel.

Jeunesse chrétienne, pères et mères, anciens de la Paroisse, vous tous qui êtes mon troupeau, ma famille, ma plus douce consolation : vous au milieu desquels se sont écoulées les meilleures années de ma vie, je sens mon cœur se dilater: je sens que la charité de Jésus-Christ me presse, en ce jour, d'un plus grand amour pour vous.

Ah ! si je me plais à énumérer toutes les splendeurs, toutes les joies de cette Fête, c'est pour les partager avec vous, comme un père partage avec ses enfants. *Gloria filiorum, pater eorum.* Oui, tous ces honneurs rendus au Père sont la gloire des enfants. Mais j'ai hâte d'ajouter à ces paroles celles qui doivent la compléter et qui ont été si bien commentées par le digne et affectueux enfant de St-Vincent-de-Paul. *Corona Senum, filii filiorum.* Les enfants et les petits enfants forment la plus belle couronne au front de leur vieux père; et il ne saurait y en avoir de plus brillante que celle que vous formez en ce jour, mes bien-aimés paroissiens, pour le front de votre pasteur qui est aussi votre père.

Ah! c'est bien dans la joie de mon âme et dans le transport de mon cœur que je renouvelle mes promesses au Seigneur après un demi siècle de Sacerdoce. *Vota mea Domino reddam.*

Dieu des vertus, dirai-je encore avec le Prophète royal, regardez, du haut du ciel, avec des yeux de miséricorde cette vigne chérie, confiée à mon labeur, et que l'esprit mauvais, le sanglier de la forêt, ne la dévaste jamais : qu'elle ne produise que des fruits d'immortalité.

Et vous, ô Vierge immaculée, vous le savez, j'ai placé sous vos auspices ma houlette pastorale et mon troupeau chéri. O la plus aimante, la plus aimable, et la plus aimée des mères, épanchez sur nous les riches trésors des grâces dont vous êtes la dépositaire. Faites que nous puissions tous, clergé, pasteur et fidèles, lorsque le souverain Pasteur apparaîtra, recevoir de ses mains, selon la parole de St- Pierre, l'immortelle couronne de gloire. Ainsi-soit-il.

A l'issue de la cérémonie, le clergé a reconduit le digne pasteur au presbytère et lui a donné l'accolade traditionnelle. De fraternelles agapes ont ensuite réuni tous les prêtres présents à la solennité. Là encore, l'affection et la reconnaissance se sont donné libre cours pour célébrer le pasteur jubilaire. Sans parler des télégrammes et des lettres de félicitations arrivés en grand nombre, même des villes étrangères au diocèse, M. l'abbé Cambuston au nom de tous les anciens vicaires de Nay, M. l'abbé Louge au nom des prêtres originaires de cette ville, M. l'abbé Salles au nom de tous les prêtres du doyenné, ont adressé leurs vœux et leurs félicitations à M. l'abbé Batcave.

M. l'abbé Salles s'est exprimé en ces termes :

Monsieur le Vicaire-Général ,

Je suis pris au dépourvu : je ne pensais pas que l'occasion de prendre la parole me fût offerte. Mais puisque vous jugez convenable que les prêtres du canton expriment, en ce jour, au héros de la fête leurs sentiments de sympathique et respectueuse confraternité, et que tous me désignent pour en être l'écho, je m'exécute.

Monsieur et vénéré Doyen ,

La carrière sacerdotale que vous avez fournie est déjà longue : voilà un demi-siècle que vous avez reçu l'onction sainte qui vous a marqué ministre de Jésus-Christ et de l'Eglise. Cinquante années de ministère sacré ont donc déposé sur votre front une couronne d'honneur : *Corona dignitatis senectus.* C'est pourquoi nous sommes accourus nombreux nous ranger autour de vous en ce jubilé de votre ordination. Les prêtres du doyenné ne pouvaient rester étrangers à cette manifestation fraternelle et religieuse : Aussi aucun ne manque.

Monsieur le Doyen, si, durant votre long ministère, la divine bonté vous a ménagé des jours tranquilles et paisibles, vous avez eu aussi des jours agités et troublés — pour preuve, sans nous arrêter à l'heure présente, il suffit de rappeler les commotions qui suivirent de près votre entrée au sacerdoce et coïncidèrent avec votre nomination à la cure de Nay. — D'ailleurs la vie du prêtre ne saurait être exempte de combats et de fatigues, car le prêtre est au service de l'Eglise militante. Donc les labeurs et les sollicitudes anxieuses ne vous ont pas manqué. Or, après tant de luttes, il semble qu'un peu de repos fût permis. Mais les soldats du Christ ne se reposent que dans la tombe. Elevé et formé à l'école des saints, au lieu de désirer le repos, et quels que soient les nouveaux combats qui attendent notre Mère l'Eglise, vous dites aujourd'hui, à l'exemple du grand thaumaturge des Gaules : « ô mon Dieu, si je suis encore utile à ma paroisse bien-aimée, je ne refuse pas le travail, je ne recule pas devant la fatigue. »

Eh bien ! Cher et vénéré Doyen, nous qui sommes en communauté d'idées avec vous, qui partageons pleinement votre sentiment, après avoir fait monter vers Dieu l'encens de notre reconnaissance, de ce qu'il a voulu prolonger votre vie de prêtre au delà du terme ordinaire, nous demandons de tout notre cœur à ce Dieu bon de vouloir multiplier encore vos jours pour sa gloire et pour le bien des âmes, de vous laisser longtemps encore au troupeau qui vous est confié, de vous laisser longtemps encore aux prêtres du canton qui sont heureux et fiers de vous voir à leur tête.

Oui, cher et vénéré Doyen, vivez, vivez longtemps encore pour glorifier Dieu et sauver les âmes ; vivez longtemps encore pour être notre modèle et notre guide ; vivez *ad multos annos*, c'est le vœu ardent et sincère de vos confrères du Doyenné, c'est le vœu d'un de vos plus anciens et meilleurs amis. *Ad multos annos* ici-bas, en attendant les années éternelles dans le sein de Dieu !

Mais le *great attraction* a été dans les magnifiques strophes dues à la plume inspirée de M. le curé de St-Médard. Voici cette belle poésie :

Dieu fait bien ce qu'il fait ; bonté toujours féconde,
Il épanche à grands flots ses trésors dans le monde ;
    Partout sa grâce abonde ;
    Cieux et terre parlez.

Oh! dites-nous comment le sagesse divine
Garde aux champs leurs moissons, aux prés l'onde argentine,
    Le buisson d'aubépine
    Aux nids démantelés!

O mortels! du Seigneur admirez la clémence.
Si dans son cœur le juste obtient la préférence,
    N'est-il pas l'espérance
    Et l'ami du pécheur?
Et tandis qu'aux élus il se donne lui-même,
Dans le Ciel, ici-bas, pour le peuple qu'il aime,
    O charité suprême!
    Il fait le bon Pasteur.

Jésus en est le type, et sa vivante image,
La voici devant nous. Ecoutez; c'est le Sage
    Qui l'a dit : « Le visage
    Est le miroir du cœur ».
O bonté de Jésus, quand je te vois reluire
Sur le front du pasteur, qui daigne me sourire,
    Je ne puis ne pas dire :
    Voici le bon Pasteur.

Un sourire du Ciel accueillit sa naissance;
Et l'amour maternel, dans sa reconnaissance,
    Offrit à Dieu d'avance
    Ce nouveau Samuel.
Sur cet enfant béni, veille, ô pieuse mère,
Et toi, son protecteur, bon Ange tutélaire,
    Longtemps garde à la terre
    Cet envoyé du Ciel.

Il grandit; et déjà, l'on s'en souvient encore,
D'un éclat radieux à sa première aurore,
    Astre qui vient d'éclore,
    On le vit resplendir.
Et tous, à la vertu rendant un juste hommage,
S'écriaient : Tant d'éclat au printemps de son âge,
    N'est-ce pas le présage
    D'un brillant avenir?

Que j'aime à contempler le modeste lévite,
A lui-même, au plaisir, au monde qui l'invite,
    Sans que son âme hésite,
    Renonçant de grand cœur,
Et disant au Seigneur : A vous seul je m'engage;
Vous seul, et pour toujours, vous serez mon partage,
    Mon bien, mon héritage,
    Mon éternel bonheur.

Ce serment solennel, aussi pur que sincère,
Le lévite, à genoux, dans votre sanctuaire,
    O bonne Vierge Mère,
    Vint un jour vous l'offrir.

Et vous lui dites : Va, dans la sainte milice
Sans crainte enrôle-toi. Combats sous mon auspice ,
    Je te serai propice
    Jusqu'au dernier soupir.

Voyez-le ce disciple ardent de l'évangile,
Sourd à la voix du monde, à la grâce docile ,
    Dans un pieux asile ,
    Au pied des saints autels.,
Au silence, au labeur, aux lois de la sagesse,
Aux plus hautes vertus, vouant avec ivresse ,
    Sa ferveur, sa jeunesse.
    Quel spectacle ! ô mortels !

Objet de tant de vœux, aurore bien-aimée,
Des parfums de la terre et du ciel embaumée ,
    Ravissante journée !
    Venez, ne tardez plus.
Pontife, viens aussi ; parais au nom du Maître ,
Viens consacrer son clerc, fais-en son digne prêtre ,
    Il mérite de l'être ;
    Il en a les vertus.

Que je baise tes mains ruisselantes du chrème,
Nouvel apôtre, au cœur plein d'une ardeur extrême ;
    Laisse-moi baiser même
    La trace de tes pieds.
O pieds bénis ! C'est vous que la souffrance amère
Appellera bientôt au chevet solitaire
    De ceux qui sur la terre
    Sont les plus oubliés.

Sous un ciel plein d'azur, aux pieds des Pyrénées ,
Par des gaves divers également baignées ,
    Trois cités fortunées ,
    Vrais joyaux du Béarn ,
Et l'antique Oloron, de son passé si fière,
Et Pau , royale ville, et Nay, belle ouvrière ,
    Chacune à sa manière
    Attire le regard.

Sur ce triple théâtre où le Seigneur l'appelle,
Par de brillants succès l'Apôtre se révèle ;
    Tout cédant à son zèle
    Que ne rebute rien ,
Il prodigue partout, sans bornes, sans mesure,
Les trésors abondants de sa riche nature ;
    Partout l'écho murmure :
    Oh ! quel homme de bien !

Non, ce n'est pas à toi, Nay, que furent données
De son apostolat les premières années.
    A tes deux sœurs aînées
    Le Ciel en fit présent.

Mais de cette faveur, oh ! serais-tu jalouse ?
Depuis plus de trente ans, n'es-tu pas son épouse
    Sous le frac ou la blouse,
    Ton peuple est son enfant.

Lorsque après son midi, poursuivant sa carrière,
L'astre du jour debout sur son char de lumière,
    De sa majesté fière,
    Charme l'œil ébloui,
On dirait qu'il s'attarde en sa marche féconde,
Pour verser tous ses feux sur le globe du monde,
    Avant qu'au sein de l'onde
    Il tombe évanoui.

Reste encor avec nous, vieillard plein de jeunesse ;
Ton front n'a pas de ride, et ta haute sagesse,
    Et ta vive tendresse,
    Sont pour nous un trésor.
Et puis, ne vois-tu pas autour de ta houlette,
En cette heure d'amour et de chants toute faite,
    Ta famille qui fête
    Tes belles noces d'or !

Ces vœux et ces concerts qu'au beau ciel elle envoie,
C'est son cœur attendri qui déborde de joie.
    L'entrain qu'elle déploie
    Me transporte et me dit :
Oui, mon bonheur est vrai ; ma joie est bien sincère ;
Il est si doux au cœur d'une famille chère,
    De fêter un bon Père
    Qu'on aime et qu'on bénit !

Du haut du ciel, ô Dieu que ma prière implore,
Daigne agréer les vœux d'un peuple qui t'adore.
    Longtemps, longtemps encore,
    A des enfants heureux
Conserve un si bon père. Eh quoi ! ta gloire est-elle
Etrangère à son cœur ? T'a-t-il, prêtre infidèle,
    Ravi quelque parcelle
    De ses jours si nombreux ?

Non, j'en prends à témoin ces œuvres merveilleuses
Qui germent sous ses pas, dans ses mains généreuses ;
    D'abord fleurs radieuses,
    Bientôt fruits précieux.
Et pourtant, et toujours, fruits de grâce et de vie,
Dans l'exil d'ici-bas, semés pour la patrie
    Qu'une espérance amie
    Lui montre dans les Cieux.

C'est là, bon Père, objet de mes humbles louanges ;
C'est là que les enfants, réunis aux phalanges
    Des élus et des Anges,
    Un jour te chanteront.

Partageant leur bonheur, oh ! puissé-je, moi-même,
Contempler avec eux la palme au triple emblême,
    Et le beau diadème
    Qui parera ton front !

C'est là qu'un jour, au sein des fêtes éternelles,
Je voudrais emprunter, aux hymnes immortelles,
    Des chants moins infidèles
    Et plus dignes de toi.
Cependant j'ai permis à ma muse imprudente
De payer son tribut à la fête présente ;
    L'idée est excellente,
    Mais c'est tout, selon moi.

A M. l'abbé Menjoulet, président.

Trop heureux néanmoins, si mon œuvre imparfaite
Avait le don de plaire au héros de la fête ;
    Ma muse satisfaite
    Et sans plus de retard
Oserait vous prier d'en agréer l'hommage
O vous, d'un grand clergé l'éminent personnage,
    Vous si docte et si sage,
    Vous l'honneur du Béarn.

Ces vers, lus avec autant d'art que d'entrain, sont maintes fois soulignés par des applaudissements chaleureux et bien mérités.

A son tour, le digne Président prit la parole pour caractériser en quelques mots la portée de ce cinquantième anniversaire avec l'autorité qui le distingue il adressa de gracieux compliments au vénéré jubilaire. « C'est la première fois dit-il que M. l'abbé Batcave fait parler de lui. Faire du bien dans le silence et sans ostentation, a été toujours sa règle de conduite selon l'heureuse expression de l'illustre Pontife de l'Eglise de Paris, Mgr Affre : « Le bien ne fait pas du bruit et le bruit ne fait pas du bien. »

A 3 heures un salut solennel réunissait de nouveau le clergé et les fidèles dans le temple saint. De nouveaux morceaux de musique furent exécutés et la cérémonie se termina par la bénédiction papale donnée par le R. P. Lacour, prédicateur de la retraite qui a été couronnée, disons le en passant, d'un plein succès.

Ne terminons pas sans rappeler que les pauvres ont eu à se féliciter des *noces d'or* de celui qui est parmi eux le digne représentant du Dieu de charité. Une abondante ration de pain fut distribuée aux plus nécessiteux. Déjà, à la messe, une quête fructueuse avait été faite par M. l'archiprêtre d'Orthez et le R. P. Lacour, au profit de l'hospice des vieillards fondé à Nay par MM. les abbés Dupont dont les généreux sacrifices et l'industrieuse activité n'est égalée que par leur aimable modestie. Deux cents francs furent également consacrés à l'achat de vêtements pour les enfants pauvres des écoles.

Telle a été, dans ses principales lignes, cette fête si bien appelée par M. l'abbé Menjoulet : *la fête du cœur*. Nous n'oublierons pas de sitôt cette journée mémorable où tant de tableaux nous ont profondément ému. La *Semaine Religieuse* a été heureuse de saluer d'avance cette belle solennité; avec non moins de bonheur elle adresse aujourd'hui au vénéré doyen ses vives félicitations. Nous n'en doutons pas, trop de vœux ont été adressés au ciel pour que le sympathique et zélé Pasteur ne soit pas longtemps conservé à l'affection de ses chers paroissiens et de ses nombreux amis. « Vous venez de célébrer mes funérailles » disait après la cérémonie le vénéré jubilaire, à M. Menjoulet ; en dépit de ces paroles nous osons affirmer que cette solennité a été pour M. le Curé de Nay une véritable fête de Pâques d'où il est sorti comme retrempé dans une nouvelle source de vie et de vigueur. P. P.

(Extrait de la *Semaine Religieuse des Pyrénées et des Landes*.)

Monastère du St-Rosaire de Mauléon-Soule, 26 Novembre 1879.

HOMMAGE DE FIDÈLE RECONNAISSANCE (1).

A MON VÉNÉRÉ PÈRE ET PASTEUR.

Descends du ciel, bel Ange, mon doux frère,
Quitte un instant le séjour du bonheur ;
Je veux te voir : à l'ombre du mystère,
Daigne écouter le secret de mon cœur.
Là bas, là bas, vers ma chère patrie,
N'entends-tu pas ces chants délicieux ?
Ne vois-tu pas cette foule ravie,
Grave et pieuse entourant les saints lieux?....
C'est son Pasteur, c'est un bien-aimé Père
Qu'elle bénit, en ce jour de bonheur.
Moi son enfant, je voudrais, mon doux frère,
Lui dire aussi tout l'amour de mon cœur.
Emmène-moi vers la rive chérie :
Abrite moi sous ton aile d'amour ;
Laisse moi voir, Ange, je t'en supplie,
Le Prêtre saint, le héros de ce jour,
Ah ! c'est bien lui : son noble front rayonne,
Son doux regard contemple avec bonheur
Ce peuple cher, sa joie et sa couronne,
Lui redisant : Nous t'aimons, bon Pasteur.

Je vous entends, Anges du sanctuaire,
Lévites saints, vous lui chantez en chœur :

(1) Les communautés religieuses ont surtout envoyé des félicitations au vénéré doyen. Nous avons choisi dans ce parterre ce bouquet délicieux.

Tu nous guidas dans la sainte carrière,
A toi nos chants, nos hymnes de bonheur !
Plus loin, je vois la portion bénie
De son bercail, Epouses de l'Agneau,
Lui présentant sa famille chérie,
Les plus petits de son nombreux troupeau.

Nous te devons notre belle jeunesse
Disent les Vierges au front plein de candeur ;
Et nous t'offrons, pour gage de tendresse,
Notre beau lis dans toute sa fraîcheur.
Heureux Pasteur ! ta nombreuse famille
Vient de chanter avec de saints transports.
Sur tous les fronts, partout, le bonheur brille,
Et se traduit en ravissants accords.
Je suis toujours ta brebis, tendre Père,
Et pour fêter tes belles Noces d'or,
Sous l'aile aimée du bel Ange, mon frère,
Je prends vers toi le plus joyeux essor.
Ecoute, moi : c'est la reconnaissance
Qui vient chanter son hymne de bonheur.
Je te dois tout ! Guide de mon enfance,
Tu fus pour moi, vraiment le bon Pasteur.

Je me souviens de ce jour d'allégresse
Où, m'appelant de ta si douce voix,
Tu me nourris, délicieuse ivresse !
De mon Jésus, pour la première fois....
Qui te dira mon humble gratiude ?
Père ! je n'ai ni talents ni vertus.
Mais pour aimer est-il besoin d'étude ?
Parle pour moi, mon aimable Jésus.
Exauce donc, bon Jésus, ma prière ;
C'est celle aussi de ma très-bonne sœur. (1)
Fille, avant moi, de mon bien-aimé Père,
Brebis très-chère au cœur du bon Pasteur.
Conserve-nous longtemps sur cette terre
Ce Père aimé, Prêtre selon son cœur.
A nous s'unit Agnès notre bergère ; (2)
Exauce-nous, Jésus mon doux Sauveur.

Exauce-nous ; une famille entière
Pour lui t'implore et te prie à genoux.
Ce sont des sœurs, des enfants une mère,
T'offrant leurs vœux pour un Père si doux.
Et maintenant, adieu fête chérie !
Ton beau soleil voit finir son déclin....
Moi, je reparts avec l'Ange, mon frère,
Vers mon doux nid, vers mon époux divin.

Sœur Marie-Joseph, du St-Sacrement.

---

(1) Cette bonne Sœur est la Sœur *Lasserre,* en religion, Sœur *Agnès,* Supérieure des Dominicaines de Nay.

(2) Notre bergère est la Supérieure des Dominicaines de Mauléon, Mlle *Lassalle,* en religion Sœur *Agnès.*

Liste des Prêtres qui ont assisté aux Noces d'or.

MM.

Menjoulet, vicaire-général de Mgr l'Évêque.
Souviron, archiprêtre d'Orthez, chanoine honoraire.
Bordenave, vice-archiprêtre de St-Jacques de Pau, chanoine honoraire.
Thuilier, aumônier de Ste-Ursule de Pau, chanoine honoraire.
Dupont, aumônier de Dominicains, chanoine honoraire.
Lacour, supérieur des Lazaristes de Pouy (Landes).
Etchecopar, supérieur de Bélharram.
Brune, curé-doyen de Coarraze.
Lartigau, curé-doyen de Sauveterre.
Batcave, curé de Ste-Gladie, neveu du célébrant.
Batcave, curé d'Arance.
Batcave, curé de Castetarbe, cousin du célébrant.
Batcave, curé d'Orion, cousin du célébrant.
Salles, curé de Pardies, (Doyenné de Nay).
Bergé-Matardonne, curé d'Asson,   id.
Cousté, curé d'Arros.   id.
Bidou, curé de Bruges,   id.
Permasse, curé d'Arthez-d'Asson,   id.
Peyras, curé de Mifaget,   id.
Lascabettes, curé de Capbis,   id.
Clos-Loustau, vicaire d'Arros,   id.
Passabet, vicaire de Bruges,   id.
Bayle, vicaire d'Asson,   id.
Guicheman, curé de St-Médard, ancien vicaire de Nay.
Cambuston, curé de Maucor,   id.
Sanarens, curé de Cosledaa,   id.
Douat, curé de Bénéjacq,   id.
Casteret, aumônier de l'hospice d'Oloron,   id.
Canton, curé d'Artiguelouve,   id.
Haure, curé de Corbères,   id.
Bergerot, curé d'Escou,   id.
Dupont Jean, professeur à l'Institution St-Joseph, natif de Nay.
Dupont André,   id.   id.
Louge, curé du Boucau, natif de Nay,
Lapeyrère, curé de Buzy,   id.

Brunet, curé de Laroin ,   id.
Labourdette , curé d'Aressy ,   id.
Lourau , curé de Labouheyre ,   id.
Bayce, ancien curé de Bizanos,   id.
Bayce , professeur à Bayonne ,   id.
Porte , vicaire de Nay.
Cazaban , vicaire de Nay.
Bordenave , curé de Mirepeix.
Sallenave , prêtre habitué à Lescar.
Poey , professeur à l'Institution St-Martin de Pau.

A. M. D. G.

Pau , impr. Vignancour. — F. Lalheugue, imprimeur.